제6회 시산맥창작기금 공모당선시집

위대한 밥

달을쏘다 시선 *024*

제6회 시산맥창작기금 공모당선시집

위대한 밥

달을쏘다 시선 024

1쇄 인쇄　2025년 9월 25일
1쇄 발행　2025년 9월 30일

지은이　강　수
펴낸이　문정영
펴낸곳　도서출판 달을쏘다
편집위원　이혜미 고선경
등록번호　제2019-000003호
등록일자　2019년 1월 10일
주소　03131 서울특별시 종로구 율곡로 6길 36. 월드오피스텔 1102호
전화　02-764-8722, 010-8894-8722
전자우편　dalssoo@hanmail.net

ISBN　979-11-92379-26-5 (03810) 종이책
ISBN　979-11-92379-27-2 (05810) 전자책

값 12,000원

· 이 책의 전부 또는 일부 내용을 재사용하려면 반드시 저작권자와 도서출판 달을쏘다의 동의를 받아야 합니다.

· 이 도서의 국립중앙도서관 출판시도서목록(CIP)은 서지정보유통지원시스템 홈페이지 (http://seoji.nl.go.kr)와 국가자료공동목록시스템(http://www.nl.go.kr/kolisnet)에서 이용하실 수 있습니다.

· 저자의 의도에 따라 작품의 보조 동사와 합성 명사는 띄어쓰기가 달라질 수 있습니다.

· 본문 페이지에서 한 연이 첫 번째 행에서 시작될 때에는 〈 표기를 합니다.

· 이 시집은 교보문고와 연계하여 전자책으로도 발간되었습니다.

위대한 밥

강 수 시집

시인의 말

언제부턴가 고래가 나의 화두가 되어버렸다.
하늘에서 내려다본 고향 제주도가
한 마리 대왕고래 같다고 느낀 때부터였던 것 같다.
고래가 자주 내 꿈속을 다녀가고
내 삶은, 우리의 삶은, 고래를 닮아 있었다.
그 사이 내 시들은
어디선가 본 듯한 이미지로
누렇게 낡아가고
그렇게 바래지는 흑백의 색깔로 변해가고 있었다.
새로워지기 위해 비워내야 한다.
이 시집이
나를 완전히 비워내 줄 수 있었으면 좋겠다.

2025년 가을,
강 수

■ 차 례

1부

해맞이	15
물고기의 삶	16
길	18
귀신이 나오는 집	20
위대한 밥	22
어머니	23
태풍이 온다	24
봄, 꿈 발전소	27
어머니와 소와 아버지와 나	28
홍매화	30

2부

봄맞이	35
우리 시대 시인, 김 씨의 마지막 하루	36
고래 되기	38
대추나무	40
굴을 까다	41
장마, 황소, 그리고 나	42
태풍에 묻다	44
서 있으라	46
겨울의 환幻	48
고등어	50

3부

달의 몰락	55
때	58
봄의 환幻	60
말로만	62
구멍	64
걸레	66
바다에 가라앉다	68
달의 뒤편에 가다	70
할머니의 오지랖	72
사랑을 위하여	73

4부

못	77
틈	78
무궁화	80
고래사냥	81
시간	82
독도, 빨간 우체통	84
주름을 위하여	85
조팝꽃	86
잔디의 검법	88
주름의 쓸모	89

5부

식물 쿠데타	93
한라산	94
나, 한참 철 들 무렵	96
고래와 나	98
개미들	100
이발소에서	101
고래 등어리 너머로 노을지다	102
아수라 백작	104
내 머리를 누가 깎을 것인가	106
유령의 집	108

6부

가을밤	111
출항	112
고래와 함께 소멸한 하룻밤이 가끔 눈앞에서 반짝인다	114
가을에서 겨울로	116
故	118
백두산 가는 길 1	121
백두산 가는 길 2	122
백두산 가는 길 3	124

해설 | 우대식(시인)
밥의 위대함과 조잔함 그리고 제주도, 제주도   127

1부

해맞이

아이야,
떠오르는 해의 배경은 왜 어둠이어야 하는지 아느냐

아이야,
어둠을 견뎌내지 못한 사람은 왜 저 해를 보지 못하는지 아느냐

아이야,
사람이 왜 어둠 앞에서 두 손 모으고 간절해지는지 아느냐

아이야,
왜 어둠 앞에서 우리 가슴이 쿵쾅 소리를 내며 용솟음치는지 아느냐

보잘것없는 삶들이 모이고 모여 세상을 움직이고

조그만 웃음소리들이 모이고 모여 하늘을 이루고 있으니

덩실덩실 춤을 추며, 이제는 웃으며 살아야겠다

아이야!

물고기의 삶

물고기야 억울할 법도 하다
뜬금없이 하늘에서 내려온 미끼를
이리저리 재다가
덥석 문 죄밖에 없으니
누가 먹을 것으로 장난칠 것이라 생각했겠는가

떡밥!

밥의 노예가 되어
절망스러운 웃음으로 밥값을 치르고
밥 먹기 위해 줄 서 있는
사람들

오늘 하루도 잘 버텨 내었다
오늘 하루도 잘 살았다
누군가 먹다 남겨준 밥을
행복하게 먹다가
이유도 모르고 낚여 올라가는
삶
〈

그래서, 오늘도 달을 올려다보는 개처럼
그것을 기다리고 있느니

늘,
떡밥!
에 눈이 돌아가는

길

눈 내리는 시골길
말 한 마리가 걸어간다
머리가 땅에 박힐 듯
다리는 힘이 빠져 있다
그래도 멈출 수는 없다
그것이 길의 숙명
말의 뒤로 외롭게 따라오는 발자국 위로
눈이 쌓인다
눈이 덮이면서 지워지는 걸음의 흔적
코에서는 허연 김이 쉴 새 없이 뿜어져 나온다
지난여름 누볐던
초원의 기억은 잊힌 지 이미 오래
이제 몇 번의 여름을 더 만날 수 있을까
걸어온 길보다
걸어갈 길이 얼마 남지 않았다는 사실을
깨달은 뒤에야
길은 더 애절해지고 처절해지는 법인가 보다
어둠 먹은 눈발이 깊어지는 시골길
말 한 마리가 걸어간다
뚜그덕 뚜그덕

소란스러운 고요의 무게를 짊어지고
끊임없이 내리는 눈 속으로

귀신이 나오는 집

고향집에는 귀신이 산다
내가 태어나기도 전,
4.3사건 때 돌아가신 할아버지가 살고 있다
할머니의 영혼 속에도 깃들었다가…
아버지의 영혼 속에도 깃들었다가…

할머니와 아버지는 할아버지를 키우는 숙주…

네 할미는 해녀질 하러 일본으로 부산으로 헤매다니고
네 아비는 비렁거지로 살았더니라

살아도 살아도 어둠은 걷히지 않고
나는 그 집에서 도망쳐 나왔지만
가끔 서울에 올라오시는 아버지 등에 업혀서는
내 영혼 속으로도 들어오려고 고무신을 벗어 재끼는 할아버지를 본다

동백꽃 툭… 툭… 떨어지는 소리에도
소스라치는 심장 속
탕 탕

총소리 지금도 울리는데

고향에 가면
집집마다 돌아다니는
유령들을 본다

이 집 저 집
부엌에서,
안방에서,
뒤뜰에서,
칼바람 부는 벌판에서,
동굴 속에서,
희허옇게 걸어 나와
아직도 자기가 죽은 줄 모르고
여태 이승에서
좀비처럼
피어나는 동백꽃 봉오리 속
붉게 터뜨리는 울음을 본다

위대한 밥

밥을 먹지 않아도 살 수 있다면
세상은 살 만할 것이다
밥을 먹기 위해 버려지는 시간이 아껴지고
설거지하는 시간도 절약되고
물은 오염되지 않은 채 맑게 흘러갈 것이다
가축은 자유로운 생명을 누릴 것이며
초원은 푸른 생명으로 가득할 것이다
밥그릇 싸움이 사라질 것이며
돈은 더 이상 쓸모가 없어지고
사람들은 노동의 고통에서 벗어날 것이다
밥을 같이 먹어주는 패거리에 들어가기 위해
괴로워하지 않아도 되며
밥을 차지하기 위해 으르렁거리지 않아도 될 것이다
하루 세 끼 밥을 먹는 게 힘들고 짜증 나서
삶은 늘 고통스럽다
아, 먹는다는 말에 숨어 있는 쾌락과 고통이여!
오늘도 기쁘게 울면서
나는 밥을 먹는다

어머니

보자기라는 우주가 있다
이것으로 품을 수 없는 것은 없다

태풍이 온다
—아버지

1.
바다가,
밧줄을 팽팽하게 당기고 풀면서 아버지의 삶을 조율했다.

2.
아버지들이 항구로 몰려들었고
자신의 지위와 신분에 맞는 위치에 정박했지만
그것만으로 우리의 삶이 안전해진 것은 아니었다.
 항구 외곽에 매달려 있던 아버지들부터 하나씩 가라앉고 있었다.
 항구 안쪽으로 들어올 능력이 없는 아버지들부터 무너져 내렸다.
 아버지들은, 서로의 몸에 의지한 채, 어금니를 앙다물었지만 역부족이었다.
 삶의 외곽에서 항구의 안쪽을 꿈꾸던 아버지들이 쓰러지고 있었다.
 우리의 수퍼맨들이 너무 힘없이 침몰하고 있었다.

3.
방송에서는 대피 요령을 계속 외쳐댔지만, 그건

권력이 있는 사람들에게나 해당하는 것이었다.
우리는 배의 이물에 밧줄을 옭아매고 힘껏 당겼다.
절망적인 배의 모가지에서 꾸르륵꾸르륵 가래 끓는 소리가 났다.
이승의 끈을 끊고 싶은 아버지가 검푸른 바닷빛으로 우리를 보고 있었다.
팽팽한 밧줄이 이승과 저승 사이에 걸렸다.
우리가 저승으로 갈 수도 있고 아버지가 이승으로 올 수도 있는 시간이
지나가고 있었다.
삶과 죽음 사이에 뜬 무지개가 비바람에 펄럭였다.
공부, 열심히, 해서, 항구의, 안쪽, 가장 좋은 자리,를 차지해,야 한,다.
어머니는 흠뻑 젖어 산발한 머리인 채로 말했다.
옷이 찢어지고 젖가슴이 다 드러났지만 아무도 신경 쓰지 않았다.
죽을 수 있어서 즐거운 시간들이 겨우겨우 지나가고 있었다.
배들이 하나둘씩 가라앉고 있었다.
바닷속으로, 아버지를 따라, 끌려, 들어가는, 아이들의, 눈망울에는

차라리, 행복한 공포가 흘러나왔다.

4.
아버지라는 이름은,
가느다랗고 긴 모가지를 가지고 있다.
너무나 하얘서 아름다운 빛깔….
그 모가지를 조이고 있는 밧줄의 끝에는
푸르딩딩하게 멍든 바다가 산다.
가족이라는 이름이 퉁퉁 불어 떠다니는 바다….

봄, 꿈 발전소

거대한 꿈 발전소가 가동을 시작했다
얼어붙었던 얼음덩어리들은
발전소에서 꿈으로 재생된다
저 꿈의 빛깔들로 인해
우리들의 겨울은 얼마나 아름다웠던가
목도리로 칼바람을 가리고 입김으로 언 손을 녹이면서도
가슴속에 꿈 발전소 하나 지을 땅은 남겨뒀었거니
귀 기울여 보라
가슴속에서 쿵쿵 발전소 돌아가는 소리가 들리리니
그 소리 들리는 한, 아직 아무것도 끝난 것은 없는 것이다
저기, 녹색 꽃망울에서 붉게 솟구치는 꿈의 화염을 보라

어머니와 소와 아버지와 나

1.
나는 엉덩이에 뿔 난 송아지
어머니는 살진 암소

2.
암소가 송아지에게 젖을 먹이는 동안, 아버지는 소값 흥정을 한다. 암소는 송아지를 바라보며 울고, 송아지는 암소를 바라보며 울고. 아버지는 소를 판 돈으로 암소 갈비를 뜯는다. 아버지는 암소 가죽점퍼를 입고 송아지 가죽 구두를 신고 핏물이 살짝 배어나는 암소 갈비를 뜯는다. 송아지는 엉덩이에 난 뿔로 계속 아버지를 찔러 대고. 아버지들이 몰려와 엉덩이에 난 뿔을 잘라내고. 아버지들이 해머로 송아지 머리통을 갈기고 가죽을 벗기고 내장을 꺼내고 생간을 기름장에 찍어 먹으며 핏빛 미소를 흘린다.

3.
소 울음소리 은은히 나팔 소리처럼 울려 퍼지는 들판. 암소가 누워있다. 몸이 하나씩 하나씩 분해되어 있다. 흘러내리는 핏물. 핏물이 들판 속으로 스며든다. 들판 한 귀퉁이 노란 솜털로 피어 있는 개구리자리꽃. 그 뿌리가 피에 젖는다. 갑자기 개

구리자리꽃이 들판을 뒤덮고. 들판이 노랗게 꿈틀거린다. 암소의 피가 들판을 키운다. 노루귀, 쥐오줌풀, 풍선란, 솜다리, 흰앵초, 오리난초…. 그 사이 사이로 흘러내리는 암소의 피가 들판을 살린다. 암소의 몸속에서 푸드덕 새 한 마리가 솟구쳐 오른다. 들판 위 하늘 꼭대기에 까만 점으로 떠오른다. 소 울음소리로 울며 들판을 떠메고 간다. 소 울음소리 메아리로 울리고. 소 울음소리. 소 울음소리. 소 울음소리가 들판을 가득 채우고, 아버지들의 귀를 가득 채우고. 아버지들의 발이 노랗게 들판에 달라붙는다. 발이 뿌리를 내린다. 상수리나무, 상수리나무. 들판에 들어서는 상수리나무들. 팔을 뻗어 그늘을 만든다. 그 아래 소들이 모여 산다. 모여서 풀을 뜯어 먹고 있다. 나뭇잎 사이로 간간이 스며 나오는 햇살. 눈 부신 햇살. 엉덩이에 뿔 난 송아지도 아무렇지 않게 풀을 뜯어 먹고 있다. 간혹 암소의 통통한 젖통을 빨기도 하면서.

4.
나는 엉덩이에 뿔 난 송아지
아버지는 엉덩이에 뿔 난 황소
나는, 결국 아버지

홍매화

내가 알아야 할 진실은 매화나무 가지에 피어 있다
꽃망울을 보며 이제 되었다고 이제 봄이 왔다고
가난한 사랑 노래는 이제 그만 불러도 좋다고
촉촉한 눈망울이 붉게 부풀어 올랐었지
몸으로 노래하는 사랑
마음으로 노래하는 사랑
갈피 잡지 못해서
한없이 쏟아지는 눈밭 길을 걸어 다닐 때
감히, 어쩔 수 없이,
내 방황의 살갗을 찢어내며 너무 일찍 피워버린
홍매화,
나뭇가지에서 나는 떨고 있다
매화는 눈 속에 피어야 제맛이긴 하지만
이놈, 정신 차리라고
누군가 등짝이라도 한 대 때려주기를 바라는 소망으로
붉은 울음을 터트려 본 것뿐이다
얼마나 추울까 위로하지 말아라
그냥, 지금, 이 순간, 치열하게
내가 살아야 하는 삶을 사는 것일 뿐
얼마나 고결한 정신이냐고 찬양하지 말아라

한 가지에 났는데도
열매 맺지 못하고 떨어지는 꽃송이들은 셀 수 없이 많아라
마지막까지 매달려 있는 꽃송이만 보지 말고
땅에 떨어져,
그 한 몸 썩혀서 거름으로 돌아가는 꽃송이의 붉은 함성도
기억하라
내가 알아야 할 진실은 매화나무 가지에 피어서 울고 있다
이 한 봄 내내
홍매화의 울음소리가 세상에 그득하다

# 2부

봄맞이

꽃이 피고 너도 피고
내 가슴도 피고

내 생에 몇 번의 봄이 남아
꽃의 숨결을 온몸으로 들이쉴 수 있을까

갈 봄이라면 쉽게 오지 말아라
와 있는 봄이라면 쉽게 가지 말아라

꽃불 기둥이 휘몰아치는 봄은 오는가
이제 오는가
그대 오는가

꽃이 피고 너도 피고
내 가슴에는 천둥 벼락이 치는
그대 오는가
봄은 오는가

우리 시대 시인, 김 씨의 마지막 하루

그는 자꾸 누가 영혼을 훔쳐 간다고 웃으며 말한다.
그의 영혼 속 사막, 작열하는 태양.
그는 매일 사막을 건너 내 앞에 도착한다.
와줘서 고맙다고 내 얼굴을 쓰다듬고는 다시 사막으로 걸어가 버리고 만다.
가끔 그를 찾아 나도 사막으로 간 적이 있었다.
뜨거운 고요.
그 한가운데 그가 걸어가고 있었다.
낙타.
그의 등이 꼽추라는 것을 그때 처음 알았다.
그는 한 곳만을 보고 있었다.
그곳으로 걷고 있었다.
나를 관통해 지나갔다.
접신接神하고 있었다.
맨발이었다. 찢긴 살점. 구더기.
전갈의 독침이 꽂혀 있었다.
점점 살이 문드러지고 있었다.
툭툭 떨어지는 살점.
눈빛만 살아 있었다.
해골이 걷고 있었다.

그 뼈마디에 눈이 부셨다.
위대한 영혼이 걷고 있었다.
내 영혼 속을 걷고 있었다.
나는 그의 휘어진 등뼈를 내 몸에 붙이고 있었다.
걸을 때마다 투투툭 뼈 부딪치는 소리가 났다.

나는 자꾸 내 영혼을 누가 훔쳐 간다고 말한다.

일요일에 그가 죽었다.
신에게 위대한 영혼을 빼앗긴 뒤였다.

고래 되기

우리는 이슬이 되자
이슬이 되어
이슬끼리 모이고 모여
개울물이 되어
세상의 모든 '너'에게로 흘러가자

웅덩이에 고여 썩지 말고
흐르고 흘러
막히면 돌아서 가고
돌 수 없으면 뒤에 오는 이슬방울들 기다렸다가
으싸으싸 온몸으로 들이받아
가슴이 퍼렇게 멍이 들어도
세상의 모든 '너'에게로 흘러가자

둥둥 떠 썩어가는 꿈도, 폐수로 오염된 시간들도
쓰다듬고 감싸안지 않으면 흐르지 못하는 강물의 삶이여

'너'라는 말들만 떠다니는 바다에서
고요히 하얀 물거품으로 밀려나
해안가 쓰레기처럼 버려지는

'나'여

'나'여

'나'여

'세상에서 가장 외로운 고래'라고 불려지는
52헤르츠-고래처럼 울어나 보자
다른 고래들이 알아듣지 못하는 소리의 파도면 어떠랴
여기 이런 고래도 있었다고,
위대한 고독을 홀로 노래하던 성자聖者가 있었다고
깊이깊이 바다를 뒤집어엎는 폭풍의 힘으로
온 바다를 울려 보자,
52헤르츠 - 52헤르츠 - 52헤르츠
기쁘게 슬픈 52헤르츠-고래의 노래로

대추나무

 고향에 내려갔을 때였습니다. 아침 선잠 결에 내 이마를 쓰다듬는 거친 손결을 느꼈습니다. 까칠한 나무껍질 몇 개가 내 이마를 쓰다듬고 있었습니다. 실눈을 뜨고 보니 아흔 살 가까운 할머니였습니다. 눈 어둡고 귀 멀어 나를 알아보지도 못하는 할머니가, 치매기가 있어서 내 이름도 잊어버리곤 하던 할머니가 내 이마를 쓰다듬으며 내 아들놈의 이름을 부르고 있었습니다. 증손자의 이름을 부르며 내 서늘한 핏줄을 쓰다듬고 있었습니다. 대추나무 한 그루가 내 몸속으로 들어왔습니다. 내 몸의 구멍이란 구멍, 모든 구멍 속에서 뿌리가 나왔습니다. 우주의 검은 공간이 펼쳐지고 대추나무에 별들이 매달려 반짝였습니다. 내 몸의 365개 혈血 자리가 뜨끔거렸습니다. 대추나무, 대추나무⋯ 그해 가을, 커다란 태풍이 불어왔을 때도, 마당 한 구석에 우주를 매달고 꿋꿋하게 서 있었습니다.

귤을 까다

귤껍질을 벗긴다
그 안에 알몸으로 누워 있는 사람들
서로서로 꼭 붙어 있다
그렇게 한 생을 살아야 한다

아무리 미운 사람이라도 꼭 붙들고
이렇게 익어가야 한다

귤이라도 다 같은 귤이 아니다
귤이라고 그 속에 귤만 있는 것이 아니다
지난봄부터 이 겨울까지 익혀온
영혼

크기도 다르고 맛도 다른 사람들이
한 알의 귤이 되기 위해
꼭 붙어 있다
그렇게 한 생을 살아야 한다

밉든 곱든
옆에 누운 사람을 꼭 껴안은 채
그렇게 익어가는 연습을 해야 한다

장마, 황소, 그리고 나

장마가 황소의 등을 타고 오고 있네
큰 눈망울에 흐린 하늘을 담고
도살장으로 들어가는 소처럼 장마가 오고 있네

장마가 올 때는
이렇게 궂은 비가 올 때는
나는 황소처럼 누워 있네
누가 황소에게 코뚜레를 했는지
황소라는 이름에 구멍을 냈는지
알지 못하네

얼마 남지 않은 시간을 씹으며
'나'라는 단어를 되씹고 있네
그 빠져나올 수 없는 구멍을 되삼키고 있네
그 구멍 속으로 국지성局地性 폭우가 계속 내리고
그래도 그 구멍 속에 집을 만들어 왔네
그 집 속에 황소가 누워 있네
이름만 황소인 황소가 누워 있네

황소의 마지막 울음소리로 장마는 오고 있네

울음소리가 만들어내는 존재의 구멍
그 속에 빗소리들이 낚싯줄을 드리우고 있네
낚시를 물고 발버둥 치는 내가 보이네
죽을 때까지 몇 번이나 더 퍼덕일 수 있을까

장마가 오고 있네
황소의 눈망울처럼 커다란 구멍이 오고 있네

태풍에 묻다

세 번의 질문에 세 번 다 아버지를 부정했다
그가 아버지가 아니길 빌었다
뭔가 잘못된 것이라고, 그와 나의 인연이 잘못 연결된 것이라고
스스로 최면을 걸었다
바다 건너 태풍이 오고 있었다
웃통을 벗어 던진 그가 혼자 태풍 맞이를 하며 뛰어다닐 때
나는 그냥 서 있었다
조그만 태풍 하나에도 우왕좌왕했다
조그만 언덕 위, 초가집은 튼튼해 보였다
해마다 엮어 올리는 초가집에 물이 새고 흙벽이 바스러져 내렸다
어떻게 집 한 채 없는 인생이 있단 말인가
태풍이 몰려오는 바다…
그가 완전히 무너져 내렸을 때
농사일로 검게 타오른 등어리를 나에게 돌리고
검은 절망이 가득 찬 눈빛으로 먼바다를 내다보고 있을 때
이제 더 이상 어떤 움직임도 소용없다는 것을 느꼈을 때
태풍의 눈 안에서 우리는 잠시 평안했다
멀리 물러났던 바닷물이 거대한 검은 벽이 되어 돌아올 때

우리가 서 있던 언덕이 휩쓸려 내려갈 때
그는 마지막 남은 힘으로 나를 품었다
그의 쿵쿵 뛰는 심장 소리가 내 몸속으로 들어왔다
세상에서 가장 거대하고 아름다운
집

어떻게 집 한 채 없는 인생이 있단 말인가?

서 있으라

뒷산 등산로 옆
몇 해 전 태풍에 쓰러져
잊힌 채 오랫동안 버려진 은행나무

서 있으라
서 있으라고 주술처럼 되뇌다가도
쓰러져야 할 때에
쓰러질 줄도 알아야지

언제나 서 있어야 한다고
언제나 서 있을 수 있을 거라고
누가 그랬는가
말로만,

몇백 년을 서 있느라
얼마나 고통스러웠을까
이제야, 마침내
쓰러져서 온몸에
이끼를 두르고
이름 모를 꽃 몇 송이를

기르고 있는

느티나무
쓰러져서, 오히려 성스럽게
서 있다

겨울의 환幻

꿈은 이뤄지지 않았고
우리의 행복은 늘 내일에 살고 있었네

꿈의 노예가 되어,
우리들은 영원히 내일에 도착할 수 없었고
내일을 위해,
버려져야 하는 오늘은,
늘 고통스러웠네

우리가 심은 씨앗이 싹을 틔우기 위해서는
겨울이,
뼛속까지 꽝꽝 언 겨울이 있어야만 한다는
행복한 미신迷信들이
우리를 위로해 주었네

단 한 사람도 새싹이 꽃을 피우는 내일에
살아남은 사람은 없었지만,
없을 것이지만,
있을 수도 없는 것이지만,
〈

거대한, 누군가가
짜준 각본의 배우처럼
우리는,
한 치의 어긋남이 없이
당연하다는 듯이
중독된 꿈을 연기하고 있었네

고등어

고등어를 발라 먹다
어머니라는 말의 살점을 헤집고 있네

젓가락질 몇 번에
대가리와 뼈만 앙상하게 남은 고등어
나는, 왜, 늘, 어머니의 삶에 젓가락만 들고 달려들었는가

밥은 잘 먹었니

팔리지 않아 오래된 고등어처럼
누추한 어머니의 표정으로
가만히 나를 바라보는 고등어의 눈

부끄러운 나는 어머니라는 말의 살점만 깨작거린다

살아가다가, 살아가다가
메마른 사막을 만나게 될 때마다 저절로 떠오르는 말
어머니…
그 속에서
푸들푸들

푸른 고등어가 튀어 오른다

어머니라는 바닷속에는 고등어가 참, 많다

3부

달의 몰락

이제는 보내야지, 보내줘야지 하면서
지금까지 버텨왔구나

마지막 발악처럼 덜컹거리는 삶이라도
포기해서는 안 된다고 쉽게 말하지만
오늘을 위해 목숨을 걸어야 하는 사람에게
미래는 거추장스러운 사치일 뿐

죽을 날을 받아놓은 시한부 환자처럼
추억 속에서 헤매는 사람에게
과거는 지워버릴 수 없는 저주일 뿐

달의 앞면이 가장 밝게 빛날 때
어두운 절벽 위에서 내가 우는 이유는
달의 뒷면에 대한 추억을 버릴 수 없었기 때문

아름다운 추억으로 포장하기 위해
달의 뒷면에서 발버둥 칠 필요는 없는데
잊으려 할수록 더욱 찬란해지는 기억
아직도, 나는 달의 뒷면에서 무엇을 찾고 있는가

〈
먹구름 일고 달이 사라지면
비로소 나는 명확히 드러나지
수없이 많은 조각으로 쪼개져 흩어졌던
내가
비로소 하나가 되어 온전해지지

달의 앞면을 향한 매일 매일의 집착
보름달이 되기만을 기다렸다가
처절히 기쁘게 슬프게 울어
그 한순간을 위하여
달의 뒷면에서 나는 얼마나 처절했던가

마침내, 다시 시작된 보름달의 몰락
어둠이 나를 집어삼키고
나는, 비로소, 달의 뒷면으로 당당히 걸어가는 나이가 되었네
다시 보름달이 될 때까지

그런데 왜, 열심히 살수록
현재는 고통스럽고 과거는 더 찬란히 빛나는 것일까

저 달이 지금, 있기는 있던 것일까
마법처럼 사라졌다가
마법처럼 나타나
나를 죽였다가 살리는, 혹은
나를 살렸다가 죽이는
달,
의 몰락

때

그대가 두려워하던 '때'가 되었네
고래여!

작살을 든 어부들이
그대가 물 밖으로 떠오르길 기다리고 있다네

눈물이 나는가, 그대여!

그것은 우리의 운명
한 번의 숨을 쉬기 위하여 목숨을 걸어야 하지
그대여!
이제 참아야 했던 숨을 쉬어야 할 '때'가 되었네

희열에 들뜬 어부의 작살이
우리의 목숨을 겨냥할
'때'

고래여!
슬프도록 위대한 '때'가 되었네
〈

우리의 마지막 숨결로
세상을 뒤집어엎어야만 할
'때'가 되었네

봄의 환幻

마약 같은 봄이 왔고
사람들은 흘러간 유행가처럼 또다시 봄을 노래했다
모든 것이 일사불란하게 이뤄졌다
기막힌 각본에 맞춰 꽃망울은 피어났고
적절한 시간에 꽃잎을 날리며 떨어졌다
고장 난 CCTV는 순식간에 교체되었고
질서를 깨뜨리는 오류는 바로바로 수정되었다
모든 것이 완벽했으나
자기 배역을 거부한 사람들을 솎아내는 작업은 계속되었다
봄의 중독을 견디지 못한 사람들은
한강 다리에서 뛰어내리거나
교통사고를 당하거나
불치의 병에 걸리는 형태로
스스로 자신의 배역을 내려놓았다
해마다 좀 더 완벽한 세상이 만들어지고 있었지만
그것이 사람들의 삶을 완벽하게 만들지는 못했다
태어나면서 처음 정해진 배역은 쉽게 바뀌지 않았고
봄이라는 꿈은,
내일이라는 희망은,
치료할 수 없는 바이러스가 되어서

세상을 망가뜨리고 있었다

겨울에 지친 사람들이 진짜 꽃의 혁명을 일으킬까 두려워
크고 무서운 손이,
나프탈렌으로 빚은 꽃송이들을 세상에 매달고 있었다
마약처럼,
우리는 나프탈렌 향기 나는 봄에 취하여
봄은 애초부터 이 세상에 존재할 수 없다는 것을
애써 외면하고 있었다

말로만

울지 마
왜 울어
네 잘못이 아니라니까

죽지 마
왜 죽어
네 잘못이 아니라니까

자꾸 우는데
자꾸 죽는데

한낮
아스팔트 위로 길을 잘못 든
지렁이처럼
마르고 마르다 바짝 말라서
세상이
자꾸 우는데도
자꾸 죽어가는데도

왜 아무도 구원해 주지 못하는 거야

〈
괜·찮·다
괜·찮·다
허공에
허무하게 울리는 메아리
말로만
말로만

구멍

1
피리를 분다
막을 구멍은 막고
열어야 하는 구멍은 열고
세상에 울려 퍼지는 구멍들의 연주
세상의 구멍이라고
버려진 구멍들이 모여서 피리 소리가 된다
구멍을 채우는 소리가 된다

2
살기 위해서는
막혀 있다가 뚫리기도 해야지
뚫려 있다가 막히기도 해야지

어떤 삶은 막혀 있어서 죽고

어떤 삶은 막혀 있어서 살지

어떤 삶은 뚫려 있어서 죽고
〈

어떤 삶은 뚫려 있어서 살지

3
구멍이 보이지 않아
햇살이 비치지 않아
슬픈 어둠 속에서 구멍을 찾는다

막아야 할 구멍은 막고
뚫어야 할 구멍은 뚫고
죽어야 할 생명은 죽게 하고
살아야 할 생명은 살게 하고

구멍 하나로
구멍의 크기에 맞춰서
삶과 죽음을 조율하는 일
피리를 분다

걸레

저 걸레는 내가 아끼던 수건이었다
이제는 방 한구석에 자리 잡고 있다가
더러운 것들을 닦아내기 위해,
가끔 정체를 드러내는 신세가 되었다
내 삶에서 잊힌 지 이미 오랜데
나는 이미 새 수건에 맛들인 지 오랜데,
저 걸레는,
한때 내 몸을 닦아주는 수건이었던, 저 걸레는,
이제는 이리저리 찢기고 뜯기어
쓰레기가 되어가고 있다

내가 살아온 삶이나
내가 품어 온 사랑의 흔적이
꼭 걸레 같다고 느껴질 때,

아무리 더러운 걸레라도
아름다운 이력이 숨겨져 있다는 것을,
늦게서야 알게 된다는 것은 절망이다.
'걸레는 수건이었다' 라는 진리 앞에서
나는 더욱 슬퍼지다가도
수건이라는 이름이 걸레라는 이름으로 바뀐 것은,

결국, 내가 저지른 일이라는 것을 인정하지 못해서 괴로워하느니
　나는, 한 번이라도 걸레 앞에 진실했던 적이 있던가.

　그런 것이다
　우리는 모두 헤어질 때 걸레가 된다
　걸레가 된 만남, 걸레가 된 사랑
　심지어 이별조차도 걸레가 되어서야 끝이 났다
　그게 사랑이라고, 사랑일 것이라고, 사랑이어야만 한다고,
　사랑에 빠져 더럽혀진 삶을 닦아내기 위해서는 걸레가 필요하다는 진실,
　그래서 우리는 서로에게 걸레가 된다
　사랑을 위해 걸레가 되는 사람들은 눈물을 흘리며 웃는다
　나를 사랑해 준 사람들은 내가 흘린 오물을 닦아주기 위해 기꺼이 걸레가 되어 주었다
　이제는 내가 스스로 걸레가 되어야 하는 시간, 그러나
　내가 살아온 만큼의 내공으로는 부족해
　그 누구의 오물도 닦아주질 못한다
　오늘도 걸레가 되기 위해 면벽하는 시간,
　걸레를 빨아내는 청소부의 성스러운 미소가 번진다

바다에 가라앉다

너는 검은 바닷속에서 올라 오는 거지
고래처럼
원유같이 끈적거리는 어둠 저 속에서 솟구쳐 오르는 거지
그때마다 나는 항구를 떠나 바다를 헤매고
그때마다 나는 바다 위에서 작살을 닦고 닦고 또 닦는 거지
그 작살의 칼날 위에 내 심장을 올려놓는 거지
칼날에서 날카로워지는 햇살
내 울음소리가 뿜어 올리는 물줄기
그 물줄기에 황홀하게 걸치는 무지개…
그래, 그렇게 솟구쳐 오를 때도 있어야 하는 거지
가라앉고 가라앉아서 질펀하게 끈적이는 뻘같이
죽음을 기다리는 늪같이
황홀한 어둠 속에서
숨구멍이 막혀 올 때, 습관 밖으로 솟구쳐 오르며
물기둥을 뿜어 올리는 고래처럼
솟아오르는 거지, 뛰어오르는 거지,
핏줄을 웅웅 울리는 나의 울음소리를 들어보게
나는 고래의 자궁 속에서 빠져나오며
네 슬픔 가라앉히는 울음을 울고
나는 작살을 들고 어둠 속으로 들어가고

고래를 찾아 바다 깊이 잠수하고
나의 집착이 강해질수록
위험한 햇살들이 작살의 날을 날카롭게 벼리고 있다
그 끝에서 아득히 찢기는 고래 울음소리… 울음소리… 울음소리…
막혔던 혈관에 피가 흐른다

달의 뒤편에 가다

내 머리 위에는 달이 떠 있었다.
은빛 가느다란 달빛을 찰랑대며
언제나 앞면만 보이는 달이 떠 있었다.
달의 뒤편에 가고 싶어
순간, 그 달의 뒤편에서
검은 새 한 마리가 솟구쳐 올라, 도망자처럼
달이 빛나는 하늘을 가로질러 날았다.
달이 쏘아대는 빛이 따갑게 새를 관통하고 있었다.
날갯짓이 아파 보였다.
날개를 흐느적일 때마다 내 눈이 붉어졌다.
사람들은 그 달의 뒤편에 가지 못하는 것인지
아니면, 가지 않는 것인지 알 수가 없었다.
검은 새 때문에 눈물이 나는 것인지
눈물 때문에 검은 새가 슬퍼 보이는 것인지 알 수가 없었다.
내가 휘파람을 불자
그 새는 나를 알아보고
내 갈비뼈를 하나씩 하나씩 열더니
가슴속으로 들어왔다.
그리고는 갈비뼈를 다시 닫았다.
스스로 조그만 감옥이 되어갔다.

나는 달빛이 들지 않도록 빗장을 걸어 잠그고
그 감옥 속으로 들어갔다.
감옥 밖에는 여전히 달이 떠 있었고
여전히 앞면만 보여주는, 밝은 앞면만 보여주는
달이 떠 있었고
새를 타고 달의 뒤편으로 가고 싶었다.
내 머리 위에는 언제나
환한 앞면만 보여주는 달이 떠 있었다.
내 가슴속은 점점 검은 새에게 먹히고 있었다.
달의 뒤편에서 나는 검은 새가 되고 있었다.
순간, 달의 앞면이 내려와 나를 납작하게 내리눌렀다.
나는 밝은 앞면을 향해 늑대처럼 우-우-우 울고 있었다.

할머니의 오지랖

고향집에 갔다가 집으로 오는 길
귀 멀고 눈먼 할머니에게 하직 인사를 하느라 곤욕이다
큰 소리로 인사를 해도 못 알아들으신다
한참 실랑이 끝에 인사를 마치는데
지금 캄캄한데 왜 이렇게 늦게 가느냐고 또 걱정이시다
지금 대낮이라고 또 한참 실랑이를 벌이는데
할머니는 지금 캄캄한데 무슨 대낮이냐고 걱정이시다
불 켜고 넘어지지 않게 조심조심 올라가라며 신신당부다
눈먼 할머니
득도하셔서 환한 대낮에도 캄캄한 어둠만 보이시는가보다
할머니의 말씀들이 켜 놓은 등불들
예전에는 어둠에만 켜 있더니
이제는 환한 대낮에도 켜져 있다.

사랑을 위하여

여자의 어깨 위에서 축 젖어 있는 빗소리
블라우스가 착 달라붙어 있는 빗소리
동그란 눈 가득 물이 고여 있는 빗소리
조금 전까지도 뜨겁게 달아올랐던 자갈길 위로
격렬하게 돌진하는 빗소리
하늘은 하늘의 법으로 깨고 땅은 땅의 법으로 깨는 저 빗소리
흙먼지와 함께 자욱하게 솟아오르는 빗소리
남자와 여자가 젖은 옷으로 지붕을 올리고
그 지붕 아래서 다정하게 바라보고 있는 빗소리
도착하려면 아직도 먼
어쩌면 도착하지 못할지도 모르는 저 산 너머
그곳을 바라보는 남자와 여자의 시선 끝에 올라앉아
상처를 돌돌 만 담배에서 연기를 피워올리는 빗소리
상처를 더 아리게 하는 빗소리
남자와 여자를 남자와 여자가 아니라
생명이게 만드는 저 빗소리
비가 그치고도 사라지지 않는 저 빗소리

4부

늪

늙고 털 빠진 개 한 마리
담벼락 아래 쓰레기 봉지를 뒤진다
지상의 가난한 밤에
비 내리고
세상은 고요한 늪이 되어 반짝이는데
늪에 빠져 허우적대던 개가
배고픔에 꼬리를 내린 채
주둥이를 봉지 속에 박는다
잠시 뒤
쓰레기차가 오자
화들짝 놀라 뒷걸음치는 개
시선은 여전히 쓰레기 봉지에 꽂혀 있다
어쩔 수 없이 살아내야 하는 삶도 있다는 듯이
머리를 땅 위에 늘어뜨린 채
터덜터덜 골목 안으로 사라지는
개가
감당해야 할 삶의 늪 속으로
스산한 안개비가 내린다

틈
―빅뱅

내 생의 태초에 틈이 있었다
어머니가 몸을 열어 만들어 준 틈
그 틈 덕택에 나는 생겨나고
그로 인해 나는 틈이 되었다

현실과 꿈 사이에
희망과 절망 사이에
태어남과 사라짐 사이에 생겨나는 틈

틈은 점점 커져
그것을 채우기 위해 몸부림치다
절망에 빠졌을 때
숨이 턱 막히고 가슴이 내려앉았을 때

그러다
겨우겨우 숨을 쉬게 되었을 때
비로소 그것이 틈 덕택이었다는 것을 알았다
내가 메우려고 애썼던 그 틈이
바로 숨구멍이었다
〈

메우려고 애쓸수록 더 벌어지는 틈의 어둠
그 틈에 피어난 별이 푸르게 흔들리고 있다
태초의 어둠 속 비로소 빛 한 줄기

마침내

틈

무궁화
—이어도

여기 제가 있습니다

자기 몸을 던지는 사람에게는 보이고
자기 몸만 지키려는 사람에게는 보이지 않는 섬
세상 모든 슬픔들이 몰려와 물거품으로 울다가
하얗게 웃으며 돌아가게 해주는 섬
먹구름 휘몰아오는 폭풍우를
달디단 빗물과 서늘한 바람으로 만들어 주는 섬
우리 어머니의 어머니의 어머니의 무궁 무궁한 어머닛적부터
어머니의 울음 속에도 웃음 속에도 구멍 뚫리는 허무 속에도
하얗게 솟아올라
끈질긴 삶의 끈을
이어도 사나 이어도 사나…
노래로 풀어내는 힘으로 키운 섬

시커먼 어둠이 짙어질수록
여기, 제가 하얀 노래로 피어 있겠습니다

고래사냥

간밤에 고래가 왔다 갔다
할아버지가 쫓아다니다가 못 잡은 고래
다시 아버지가 쫓아다니다가 못 잡은 고래
다시 내가 쫓아다니다가 내가 먼저 죽을 고래
귀신고래가 왔다 갔다
창밖, 불순한 사상을 터뜨리는 진달래를 보면 안다
그 진달래 꽃이파리 하나하나마다 묻어 있는
귀신고래의 울음소리
핏빛 울음소리

시간

미래로 한 걸음 내디뎠는데
과거로 두 걸음 가서 서 있고

미래로 한 걸음 내디뎠는데
과거로 세 걸음 가서 서 있고

미래로 간다고 느껴지는 것은
나만의 착각

사람들은 나의 미래가 아니라
나의 과거만 기억하지

삶은
과거를 한 조각씩 더 쌓아나가는 과정

아무리 기다려도
미래는 영원히 오지 않고
한 번 쌓아놓은 과거는 고쳐지지 않아
눈물이 난다
〈

미래를 위해 꿈을 꾸는 것이 아니라
과거를 위해 꿈을 꾸는 것

블록 놀이하는 어린아이처럼
숨을 꾹 참고
조심조심 다뤄도
깨질 수밖에 없는

독도, 빨간 우체통

그곳에 가면 빨간 우체통을 볼 수 있다
고개를 갸우뚱 바다 쪽으로 기울인 채
바다가 보내오는 편지를 모아두는 우체통을 보게 되면
누구라도 편지를 쓰지 않고는 배기지 못하리라

괭이갈매기가 소인을 찍어 보내는
파도의 푸르게 푸들거리는 등허리를 하루 종일 쓰다듬다가
나는 빨간 우체통을 찾아 떠나지

어깨에서부터 허리로 흘러내리던 기다림이
망부석처럼 서 있는 빨간 우체통
그곳에서 익어가는 빨간 사랑 하나를 만나리라

주름을 위하여

어디서 왔을까
저기 이마에서부터 고요히 미끄러져 내리는
땀방울들
얼굴의 주름을 해독하고 있네

어떤 것으로도
감출 수 없는 주름의 내력

삶으로 통하는 비밀지도처럼
얼굴에 새겨져 있네

저 주름들은
어떤 소리를 가지고 있는 악기들일까

눈물 같은 땀방울들
주름과 주름 사이에서
가늘게 떨고 있네

조팝꽃

하느님,
하느님이 계신 곳에도 조팝꽃이 피기 시작하였는지요.
지난밤에도 마른버짐처럼 번져가는 삶의 가려움이
내 영혼의 보릿고개를 찾아왔습니다.
몸은 비곗덩어리인데도 밤새 배가 고팠습니다.
칡뿌리 같은 어둠을 질근질근 씹어 먹으며 넘던 보릿고개를
이제는 넘기가 힘이 듭니다.
이제, 무엇으로
이 빈, 밥그릇을 채워야 할까요.
하느님은 땀을 뻘뻘 흘리면서 제 몸을 닦고 또 닦으셨습니다만,
제가 놋그릇이 아니라, 황금 그릇이 되게 해 주셨습니다만,
그 몸속에 놓여 있는 숟가락 하나,
달그락달그락 밤새 어둠만 떠먹고 있었습니다.
늑대처럼 울던 밤이었습니다.
제가 걸어온 길을 수천수만 그릇 떠먹어도 배부르지 않아서
시허연 달빛 아래 마냥 앉아 있었습니다.
하느님,
하느님이 지어 보내주는 조팝 덩어리들이 길가에 가득했습니다.

가도 가도 끝없는 어둠 속,
하느님이 지어 주는 밥 냄새 맡으며 여기까지 왔습니다.
가끔은 구수한 누룽지 맛도 나는, 저 환한 등불들,
감옥처럼 닫혀 있던 눈이 환하게 뜨여졌습니다.

잔디의 검법

아스팔트 틈에 자리 잡은 잔디 줄기 하나
길가에서부터 길 안쪽으로 칼자국을 내고 있다
아무도 몰래
아스팔트를 잘라 나가는
저 여린 칼날의 끈질긴 힘
칼날에 피 한 방울 묻히지 않는
초고수의 검법劍法
아스팔트 보수반 사람들이 몇 번을 잘라내도
멀찍이 물러섰다가 다시 꼬물꼬물 기어 나와
아스팔트 속으로 파고드는,
칼의 영혼
아무것도 자르지 못하면서도
모든 것을 자르고 있다

주름의 쓸모

주름이 부끄러워
주름을 지우라고 하네

주름을 타고 흐르는
땀방울 냄새가 고약하다고
주름을 지우라고 하네

시간의 흔적이 되어
밭이랑처럼 몸에 새겨지는 주름들

누가 뿌린 씨앗일까

버림받은 것들도 그 안에서는 싱그러워지는
땀방울로 살아나
살 떨리는 흐느낌으로 온 우주를 울린다

나는 지금까지 그 주름이 그려주는 길 따라
여기까지 흘러왔는데
바야흐로
쓸모없어졌다고,
주름의 시대는 이미 갔다고
그 주름들을 모두 지우라고 하네

5부

식물 쿠데타

우리는 한 그루 나무가 되어야겠다
뿌리로 이 땅을 힘차게 움켜쥐고
레지스탕스가 되어야겠다
이파리가 다 떨어지면 어떠리
몇 번의 황사 태풍이 불고 난 뒤
가지가 찢어지고 밑동이 부러지면 어떠리
우리들 뿌리는 흙속에서 완고하고
그 뿌리에서 새싹은 다시 나오리니
녹색 함성으로 떨쳐 일어나리니
조그만 새싹 같은 것들이 모여
힘없는 것들이 모이고 모여
거대한 숲이 되리니
거대한 파도가 되리니

한라산

이젠 때가 되었네

잠들었던 씨앗들이 기지개 켜고
얼어붙었던 대지가 숨쉬기 시작하는 때가,
이젠 때가 되었네.

제주 사람들이 걸어온 발자국은
영혼의 지도가 되어
한라산 밤하늘에서 빛나고

지나간 것은 지나간 대로
새로운 것은 새로운 대로
아픈 것은 아픈 대로
두려운 것은 두려운 대로
받아들이고 품어 안아

한라산이 불러주는 음표를 따라서
고요히 노래하리라
하얀 사슴의 노래를 하리라
〈

누구나 찾아오지만
아무도 찾지 못하는 산의 노래를
부를 시간이 되었네,
이젠 때가 되었네

산아, 산아, 한라산아
늘 곁에 있어서
오히려 보이지 않는
산아

노래를 부를 때가 되었네

나, 한참 철 들 무렵

바다가 두려운 것은
그 속에 고래가 살기 때문이다
그 고래를 길러내는 바다의 음모를 알지 못하기 때문이다
내가 알지 못하는 곳에
고래는 나타나
먼 소문으로만 들려온다
소문을 쫓아 수많은 고래를 쫓아왔지만
한 번도 고래를 잡진 못했다
내가 가끔 쓰러져 있으면
어느새 고래는 옆에 와서 얼굴을 비벼 대었다
나는 태아처럼 고래의 몸속에서
동그란 잠을 잤다
바다가 두려운 것은
그 바다가 내 영혼이기 때문이다
그 속에서 고래는 불쑥불쑥 솟구쳐 올라
나에게 오라고 오라고 꼬리치고
나는 내 손에 묻은 고래의 피를 닦아내지 못해
울고 울고 또 울고만 있었는데
그 고래의 피가 내 영혼 위로 가득 퍼져가는 것을 보면서
몸만 떨고 있는 것이었다

고래가 두려운 것은
고래에게 작살을 던지기가 두려운 것은
내가 찾는 고래가 아닐지도 모르기 때문이다
유혹한다고 꼬리 친다고
다 내가 찾는 고래는 아니기 때문이다
왜, 바다는 고래를 길러내는가
바다를 무서워하지 않는 사람은
고래에게 먹히고 만다는
소문이 갑자기 진실이 되고

고래와 나

너는 고래의 자식이니라

나는 고래를 죽이기 위해 작살을 던집니다
고래를 죽이기 위해 배를 타고
고래를 찾기 위해 잠도 자지 않고

고래가 바로 네 아버지이니라

나는 고래를 죽이기 위해 작살의 날을 세우고
고래의 몸 깊은 곳으로 작살을 찌릅니다
고래의 울음소리가 숨구멍으로
고래의 삶이 숨구멍으로
피를 뿜어 내도
그 투명한 고래의 눈동자
그 눈동자는 내 눈동자였습니다

너도 고래이니라

나는 작살을 놔두고 바닷속으로 뛰어듭니다
누군가 내가 놔둔 작살을 들고

은빛 나는 날을 세우는 것을 보면서
나는 그 배 앞에서 배를 이끕니다
내가 놔둔 작살이 내 심장을 뚫어주기 전까지
나는 계속 헤엄쳐 다녀야겠지요
그 사슬을 끊어주기 전에는
위대한 고래의 영혼은
몸에 꽂힌 작살들을
죽어서도 가지고 다닌다지요

개미들

끈질기다, 개미 떼
해충약을 뿌려도 없어지지 않는다.
어디선가 스멀스멀 기어 나와 자기들만의 길을 간다.
내가 내려다보는 줄도 모르고
줄을 지어 부지런히 움직이고 있다.
가만히 지켜보다가 손가락 하나로 지긋이 그중 한 놈의 등을 누른다.
개미들은 그런 내 손가락을 피해서 슬며시 돌아서 간다.
하느님도 그럴 것이다.
지긋이 우리를 내려다보다가
심심하면 그 거대한 손가락을 들고서 우리들 등을 지긋이 눌러줄 것이다.
거리마다 사람이라는 명패가 너덜너덜하게 붙어 있는 개미들.
유령처럼
끈질기다, 사람 떼.
동료의 시체를 뒤에 남기며 열심히, 집요하게
자기들만의 길을 간다.

이발소에서

거대한 가위들의 세상
잘려 나가는 수사자의 황금빛 영혼들

고래 등어리 너머로 노을지다

나는 작살을
열쇠를 돌리듯이 고래의 가슴속으로 집어넣고 있었다
바다가 울렁이고
바다 깊이 어둠 속에 가라앉았던
고래의 울음이 떠오르기 시작했다
고요한 울음의 눈이
태풍의 눈처럼 소용돌이치고 있었다
거기에 손을 대면 내 몸이 녹아 없어질 것 같았다
나는 고래를 잡았다고 생각했으나
고래는 계속 헤엄치며 날 부르고 있었고
악몽처럼
울음은 핏줄 선 내 눈 속을 붉게 물들이고 있었다

나는 고래의 가슴을 열다 멈칫했다
거기서 알몸의 여자가 걸어 나와
바다 위로 붉게 깔린 노을을 밟으며
태양 속으로 들어가고

나는 여자의 가슴속으로 들어갔으나
여전히

여자의 밖에 있었다

수평선 너머까지 태풍이 몰려와
천둥으로 가슴을 치고 있었다
번개로 가슴을 찌르고 있었다

아수라 백작[*]

아버지는 아수라 백작, 두 얼굴의 사나이,
웃는 표정을 짓는데도 울음이 묻어나네.
한밤중에 들어오는 아버지의 술 냄새 속에는
마징가 제트를 쓰러뜨리지 못하는,
정의의 용사 마징가 제트를 위하여,
늘, 맞고, 부서지고, 버려지는, 악역 전문 캐릭터가 살고 있었네.

새 광선검과 최첨단 무기를 갖추고, 의기양양하게 출전하지만,
그 모든 것이 마징가 제트를 더 빛내기 위해,
만화가가 짜 놓은 각본이라는 것을,
알면서도 당해야만 하는 존재….

남자도 아니고 여자도 아니어서 슬픈 짐승….
자식들 앞에서는 큰소리치다가
자식들 없는 곳에서는 바로 꼬리를 내리는….
생존 기법이 아름다운 삶이네.

아버지라는 이름의, 숙명, 속으로 들어서고도 한참 동안을 몰랐었네.

〈
마징가 제트가 되고 싶어도
아수라 백작밖에 될 수 없는 시간,
아수라 백작이 아수라 백작을 복제하고
그 아수라 백작이 또 아수라阿修羅 지옥地獄을 복제하는,
세상의 모든, 아버지라는 말이 가지고 있는,
내 삶의 행복한 올가미여.

* 만화영화 〈마징가 Z〉의 등장인물. 반쪽은 여자의 얼굴, 또 다른 반쪽은 남자의 얼굴을 가진, 말을 할 때도 남자의 목소리와 여자의 목소리가 동시에 나오는 괴물로 설정되어 있는 인물이다.

내 머리를 누가 깎을 것인가

그 남자는 저승사자처럼 가위를 찰깍거린다
나는 그 남자가 시키는 대로 체위를 바꾼다
가위의 끝에서 하얗게 부서지는 불빛
내 영혼이 머리빗으로 가지런히 다스려지고는
싹둑 잘려 나간다 싱거운 현기증이 난다
내일이면 내가 만나는 사람들은
가위 자국이 난 내 머리를 보면서
단물 빠진 껌을 뱉어내는 것처럼 인사말을 툭, 던질 것이다
그러면 나는 그것을 주워다 또, 쓰레기통에 넣어야 한다
나는 나를 버리고 그들의 규칙을 따라야 한다
머리털을 함부로 길러서는 안 된다
잘리는 수사자의 갈기들…
나는 그들의 요구대로 잠시 잠에 빠져들고
그사이 내 손톱과 발톱도 다 깎여나갈 것이다.
그렇게 해야 그곳에서 살아남을 수 있다
그 남자의 입가에 밥알처럼 붙어 있던 미소가
커다란 거울 속으로, 수세식 변기의 물줄기처럼 빨려 들어간
다. 갑자기
  이발소가 부탄가스 통 같은 우주宇宙가 된다
  거대한 가위손이 거기에 불을 붙이자, 거대한 폭발이 일어난다

태초에 가위가 있었으니
가위의 끝에 지구地球가 푸른 빛으로 반짝거리고 있다
가위의 힘을 따르지 않는 것들은 멸종되어 가고
새로운 것이 생겨나고 멸종되고 또 생겨난다
윤회輪回다
가위손의 저주咀呪다
사람들이 머리털을 자르고 있다
사방에서 가위가 철겅인다
나의 뜻과는 상관없이 잘리는 나,
그게 이 세상의 생존법,

겨우 머리털 하나를 지키기 위해 최익현*은 죽었다

* 항일 의병장. 독립운동가. 1905년 을사늑약이 체결되자 그는 의병을 모집하였다. 1906년 임병찬, 임락 등과 함께 전라북도 태인(泰仁)에서 거병하였지만, 관군에게 패하여 체포되었다. 그 뒤에 대마도로 유배되었다. 유배 당일, 대마도주가 일본식 단발을 하라고 강요하자, 끝까지 거부하며 단식을 시작하였다. 대마도주가 사과하고 왕명에 따라 단식을 중단하였지만, 그 후유증으로 3개월 뒤에 병이 들어 74세의 나이로 사망하였다.

유령의 집

할아버지가 타고 다니던 고래는 이미 죽었구요

아버지가 타고 다니던 고래도 이미 죽었구요

내가 타고 다니던 고래도 이미 죽었구요

그 고래가 끌고 다니던 나도 이미 죽었어요

6부

가을밤

내 소식이 그대에게 도착했는지
창가에 새 한 마리 가을을 울고 있네

가을 가을
기울어가는 초승달만 바라보노라
가을 가을
속삭이는 낙엽 소리만 바라보노라

그대 이미 떠나고 없는
가을 가을
가도 가도 그대 없이 나 혼자 가고 가는
가을 가을

겨울 보내고
그대를 다시 봄이라고 부르리라
봄은 오리라
그대를 기다려 다시 꽃불을 태우리라

내 마음이 그대에게도 도착했는지
창가에 새 한 마리 가을을 울고 있네

출항
−처용*의 춤

아버지가 말했다
네가 고래에 미치지 않게 해달라고 하늘에게 빌었었다
한번 고래에 미친 사람은 죽어서도 고래를 벗어나지 못한다
내가 말했다
나는 미치지 않을 거예요
아버지가 말했다
떠나거라, 이제부터 너는 내 자식이 아니다
고래가 네 애비다

나는 술에 취해 춤을 추었다
고래를 본 날에는 고래를 위해 기도하며 춤을 추었다
칼로 팔뚝을 그으며
미쳐가는 내 핏방울을 바닷물에 씻으며 춤을 추었다
그럴 때마다 바다가 미쳐 날뛰었다
배는 흔들렸고 나는 속에 든 오물들을 모두 뱉어냈다
마침내
바다는 잠잠해지고
고래는 바다 위로 조용히 등을 내민 채
나를 보고 있었다
〈

아버지가 말했다
작살을 그 고래에게 던져라
그게 네 운명이다
그 작살이 그 고래에게 꽂혀
그 작살에 묶인 밧줄이 영원히 끊어지지 않고
그 고래가 가는 대로 네가 탄 배가 이끌려 다니리라
그 고래를 죽여라

아버지가 말했다
이제부터 너는 내 자식이 아니다
고래가 네 애비다

* 879년 왕이 행차하여 울산 개운포(開雲浦 : 현재 울산 화학공단과 온산 화학공단 사이 외황강 하구 지역)에 이르렀을 때, 이상한 생김새와 괴이한 의복을 입은 용왕의 아들이라고 자처하는 처용이라는 자가 왕 앞에 나타나 노래하고 춤추며 왕을 따라 서라벌까지 왔다. 처용은 급간이라는 벼슬을 받고 달밤이면 나가 춤추고 노래하다가 마침내는 그 행방을 감추어 버렸다.

고래와 함께 소멸한 하룻밤이 가끔 눈앞에서 반짝인다

나는 고래와 함께 바닷속으로 가라앉고 있었다
내가 죽인 고래, 작살을 심장 깊숙이 꽂아 넣어--- 피가 뿜어져 나와
내 온몸을 적실 때
나는 그 피를 닦아내지 못하리라는 것을---
오, 오. 그 고래의 눈망울을 본 적 있는가
나는 고래의 등에 묶여 바닷속으로 내려가고 있었다
가도 가도 끝이 없었다
피가 씻기지 않았다
검은 어둠 속에서도 선연히 뿜어져 나오는 피---피---피---
피 냄새를 맡은 상어 떼가 달려들었지만
나를 건드리지도 않았다
내 눈앞에서 고래는 사라졌다
지키지도 못할 고래를 나는 왜 죽였던가
피의 축제여, 온몸을 휘감아 도는 전율이여
나에게 저주를 내려다오
이제, 그만, 나를 먹어다오
아래로 아래로 내려갈수록 내 눈앞이 자꾸 하얘지고 있었다
아무리 몸부림쳐도 역시 침몰하고 있는 것은
나뿐,

〈
바다는,
하얀 속살을 내 몸에다 비벼대는 바다는,
내 절망보다 한 옥타브 밑에서
자꾸 고래 울음소리를 흉내 내고 있었다
고래가 내 울음소리를 흉내 내고 있었다

가을에서 겨울로

내 몸속으로 단풍이 혁명처럼 밀려옵니다.
당신 삶의 가느다란 실핏줄이 파랗습니다.
파랗게 물먹은 하늘….
가을의 최면술에 걸리면 어쩔 수 없지요.
하늘을 볼 때마다, 하늘이 푸른 칼날을 벼리고 벼려
내 영혼에 스으윽 칼질하고 갑니다.
가급적 절망이란 낱말은 꺼내지 않는 게 좋겠습니다.
사랑이나 그리움이란 단어도 믿을 수 없습니다.
당신을 보내고 난 뒤,
이 세상을 떠날 때까지의 가을들을 조심해야겠습니다.
지금은 내 영혼의 피가 온 산을 물들이는 시간,
이제 나는 가을을 우회해서 겨울로 들어가려고 합니다.
우회로… 아무도 가지 않은 길로,
그 어떤 침입의 흔적도 없는 시원始原의 숲속으로 난 길을 향하여
길을 떠나려고 합니다.
거기, 겨울이 있을 것입니다.
어쩌면, 나보다 먼저 도착한 당신이 하얗게 웃으며
반겨줄지도 모를 일이구요
먼저 도착한 내가 당신을 기다리고 있을지도 모를 일이지요.

그럼, 이만.
겨울 산정山頂에서 하얀 눈빛으로 웃고 있겠습니다.

故

'성숙'이라는 단어는
우리의 삶이 게임이었다는 사실을 알게 되었다는 의미
컴퓨터 게임하듯
우리 삶을 가지고 희희낙락하는 것들이 보여

그 순간 우리는,
삶의 게임을 잠시 멈추고
이별을 준비해야 한다
게임 속에 남아 있는 사람들에게
'좋은 게임이었어'라는 유언을 남기고 사라져야 한다

  남아 있는 자의 슬픔은 '살아남았다'는 안도감 속에 금방 잊히고
  우리는 게임에서 쫓겨난 이에게
  약간의 미안함과 죄스러움을 담아
  훈장을 붙여주지,
  이제는 이 세상 게임에 참여하지 못하는 이의 이름 앞에 붙이는 글자
  故
  〈

그 앞에서는 평등해지고
그 앞에서는 저절로 고개 숙여지고
그 앞에서는 저절로 경건해진다
아무리 하찮은 사람이라도
아무리 고귀한 사람이라도
똑같아지는 순간에 새겨지는 글자
故

더 이상 미래는 없고 과거만 존재하는 시간 속에서
게임에 중독되어 있는 우리들
무엇이 우리를 조종하고 있는지도 모르고
이 게임은 우리가 만들어가는 것이라고 믿고 있었지
하지만, 게임의 최고 레벨에서 만나게 되는 글자
故
아무도 그것을 뛰어넘지는 못한다
더 이상 어떤 것의 존재도 허락하지 않는 글자
故
그 막막한 장벽 앞에서야 끝이 나는 게임,
그리고 우리의 삶
〈

도대체, 몇 번의 절망을 견뎌내야
이번 게임의 과제를 끝내고
다음 삶으로 건너갈 수 있을까

폭풍우 몰아치는 밤도 잘 견뎌내고,
한세상 힘들게 살았다고,
살아남은 사람들이 위로처럼 붙여준 글자,
故

故가 이름 앞에 붙는 순간, 장례식장을 나서며
우리는 한 번도 가 보지 않은 길을 떠나야 한다
신발 끈을 동여매고
기꺼이 새로운 옷을 입을 줄 알아야 한다
그것이 떠나는 이에게 베푸는 마지막 예의,
그것을 희망이라고 고집부리면서

백두산 가는 길 1
-자작나무

눈의 무게에 눌려 자작나무 가지가 부러진다

  어린 시절
  어깨에 묻은 눈송이들을 털어내며 들어서시던 아버지
  이제는 뼈마디에서 뚜두둑 뚜두둑 가지 부러지는 소리가 들린다
  몸속에 눈이 계속 내리나보다
  자작나무, 자작나무
  가지마다 눈 무더기를 올려놓고 겨울을 난다
  힘이 없는 가지는 부러뜨리고
  늘 푸르기 위해 자기 몸을 부러뜨릴 줄 아는 소리
  살아남은 가지들이 모여 나무가 되고
  부러진 가지들은 땅에 떨어져 산이 된다
  쩌억 쩌억 산이 만들어지는 소리가
  아버지의 뼈마디에서 들린다
  삶의 무게에 눌려 자작나무 가지가 부러진다
  쩡쩡 부러지는 소리를 내며
  산 하나를 살려내는 소리
  죽어 있던 내 심장을 두들겨 패고 있다

백두산 가는 길 2
-라면집 연가

이렇게 맛있는 라면 처음 먹어 보내라고 웃는 그대여
눈발은 날려라
모래시계 속의 모래처럼 빠져나가는 이 시간
탱탱하게 씹히는 면발의 아름다운 살 떨림
우리의 웃음은 라면으로 시작하여 라면으로 끝나네
몇 생을 더 기다림으로 고행하여야
'그렇게 맛있는 라면 처음 먹어 봤네'라며 다시 웃을 수 있을까
겨우 라면 하나 끓여서 먹을 정도의 시간
그 시간 동안이라도
나의 추억은 배부르게 행복했다
그래, 이제는 집도 사라져 버린
라면집
거대한 아파트가 들어서 있는 곳
라면 하나 끓일 정도의 시간도 허락되지 않는 곳
추억은 날려라
하얀 눈꽃이 피어날 때마다
따뜻한 라면 국물이 생각날 적마다
이야기해 보자
나에게도 백두산처럼
뿜어 올릴 마그마가 아직 몸속에 남아 있다는 것에 대하여

라면은 끓어라
라면 한 그릇 먹을 시간이여
'이렇게 맛있는 라면 처음 먹어 보네'라며
웃어보는 탱탱함이여

백두산 가는 길 3
−추억에 답하다

그대 어딜 가는가
가방을 바리바리 싸 들고
마치 두 번 다시 돌아오지 않을 사람처럼
쌍봉낙타를 타고
사막을 건너는 유목민처럼
건널목을 건너고
노란 선이 그어진 아스팔트 길을 건너
그대 어딜 가는가

낙타도 더 이상 서 있을 수 없는 시간
사막에 모래 태풍이 부는데
그대 어딜 보는가

그대가 지나온 길 뒤돌아보지 말게
과거는 가장 괴기스런 괴물이 되어 그대를 씹어 삼키고
그대는 거기 멈춰 선 돌조각이 될 것이니
그저 쌍봉낙타처럼 터벅터벅 사막을 걸어갈 뿐
다시는 과거로 돌아가지 말게

과거가 그대 삶의 근원이라고 하더라도

그 어둠을 이겨낼 자신 없거든
감히 뒤돌아보지 말고

가슴속에 흐르는 마그마가
과거를 녹이고 식혀
다이아몬드를 만들 수 있게 되거들랑
그때 돌아보게

그대 어딜 가는가
모래 태풍이 그대 발자국을 다 지우고 있는 지금
사막의 모래들이 모래시계로 빠져나가고 있는 지금

••
해설

밥의 위대함과 조잔함 그리고 제주도, 제주도

우대식(시인)

　강수 시인은 몇 년 만에 만나도 어제 본 듯한 인상을 준다. 유행이나 경박한 변화와는 거리가 먼 여일한 삶의 형식이 그의 외모에도 반영된 탓이리라 생각하며 지내왔다. 젊은 시절 제주도 그의 처가에서 먹던 저녁은 일품이었으며 그의 집들이를 가다가 본 아파트 단지 내의 벚꽃도 일대의 장관이었다. 그의 식구들이 평택의 우리집에서 자고 간 적도 있으니 이래저래 왕래해 온 셈이다. 그러다가 연락이 뜸해졌고 그가 서사시에 매진한다는 이야기를 듣기도 하고 오페라 창작에 두각을 나타낸다는 이야기를 듣기도 하였다. 그러던 차에 시집 『위대한 밥』을 들고와 시에 관한 이야기를 써줄 것을 졸라 맡기는 하였으나 본격적인 해설이라기보다는 시에 대한 인상 그리고 내가 아는 강수 시인에 대해 이야기하는 발문의 성격에 더 가까울 것이다.

표제시 「위대한 밥」을 읽으며 이 시가 이 시집 전체를 규율하는 역할을 하고 있다는 생각을 키우게 되었다.

> 밥을 먹지 않아도 살 수 있다면
> 세상은 살 만할 것이다
> 밥을 먹기 위해 버려지는 시간이 아껴지고
> 설거지하는 시간도 절약되고
> 물은 오염되지 않은 채 맑게 흘러갈 것이다
> 가축은 자유로운 생명을 누릴 것이며
> 초원은 푸른 생명으로 가득할 것이다
> 밥그릇 싸움이 사라질 것이며
> 돈은 더 이상 쓸모가 없어지고
> 사람들은 노동의 고통에서 벗어날 것이다
> 밥을 같이 먹어주는 패거리에 들어가기 위해
> 괴로워하지 않아도 되며
> 밥을 차지하기 위해 으르렁거리지 않아도 될 것이다
> 하루 세 끼 밥을 먹는 게 힘들고 짜증 나서

삶은 늘 고통스럽다

아, 먹는다는 말에 숨어 있는 쾌락과 고통이여!

오늘도 기쁘게 울면서

나는 밥을 먹는다

    ―「위대한 밥」 전문

이 시는 온통 밥을 먹는다는 사건이 빚어내는 부조리에 대하여 기술하고 있다. 시간은 물론 환경 그리고 자유로운 생명까지도 먹고사는 일로 인해 제약받고 나아가 싸움의 기원이 된다. 돈의 쓸모와 "노동의 고통"이라는 이 시대의 화두도 모두 밥 먹고 사는 일에서 비롯된다는 것이 시적 화자의 진단이다. 어쩌면 먹고사는 일만 따로 떼어놓고 보면 조잔하기 그지없는 일일 터이다. 그러나 먹고사는 일에 담긴 삶의 형식과 가치 그리고 생명의 역동이란 어떤 성스러움을 포함하고 있다. "먹는다는 말에 숨겨진 쾌락과 고통"은 바로 먹고사는 일에서 비롯된 조잔함과 위대함을 동시에 드러내고 있다. 시적 화자의 갈등도 여기에 있다. 단순히 거부할 혹은 타기할 대상이라면 큰 갈등이 없을 터이지만 그 문제는 끝내 거부할 수 없는 생명의 행위라는 점에서 윤리적 모순을 동반하게 되는 것이다. "오늘도 기쁘게 울면서/나는 밥을 먹는다"라는 역설적 진술은 우리가 직면

한 삶의 역설을 고스란히 보여준다. 이 시집에서 번번이 등장하는 뒤편에 관한 상상과 이면에 대한 고뇌도 이율배반적인 세계의 형식에 대한 고민에서 비롯되는 것이라 할 수 있다. 먹고사는 일의 비루함과 윤리적 문제는 다음과 같은 시에서도 볼 수 있다.

> 늙고 털 빠진 개 한 마리
> 담벼락 아래 쓰레기 봉지를 뒤진다
> 지상의 가난한 밤에
> 비 내리고
> 세상은 고요한 늪이 되어 반짝이는데
> 늪에 빠져 허우적대던 개가
> 배고픔에 꼬리를 내린 채
> 주둥이를 봉지 속에 박는다
> 잠시 뒤
> 쓰레기차가 오자
> 화들짝 놀라 뒷걸음치는 개
> 시선은 여전히 쓰레기 봉지에 꽂혀 있다
> 어쩔 수 없이 살아내야 하는 삶도 있다는 듯이
> 머리를 땅 위에 늘어뜨린 채

터덜터덜 골목 안으로 사라지는

개가

감당해야 할 삶의 몫 속으로

스산한 안개비가 내린다

–「몫」전문

 "늙고 털 빠진 개 한 마리"는 이 지상에서 먹고 살아가야 하는 존재인 동시에 초라한 삶의 형식을 감당해야 하는 운명을 상징한다. "담벼락 아래 쓰레기 봉지"란 먹고사는 일의 비루함을 극명히 보여준다. 그리고 개가 살아야 할 지상이란 가난하고 "비 내리"는 더 나아가 "늪"이 된 세계이다. 하여 쓰레기 봉지에 주둥이를 처박고 먹이를 뒤지는 쓸쓸한 형상으로 개는 그려진다. 이 시에서 개는 이 세계의 생명 전체를 상징하는 것이라기보다는 소외된 생명을 의미한다고 할 수 있다. "어쩔 수 없이 살아내야 하는 삶도 있다"라는 고백적 진술은 소외된 생명을 향한 연민을 담고 있다. 이 모든 것들은 개가 "감당해야 할 삶의 몫"이라는 시적 진술에서 존재의 비애를 극대화하고 있다. 더 나아가 자화상의 한 형식으로 이 시를 읽을 수도 있다. 자신 삶의 몫을 제한당하는 현실은 어쩌면 우리가 보지 못하는 강력한 힘으로서의 사회적 제도이며 구조라 할 수 있다. 이러한 현실 인식은 다음과 같은 시에서도 보게 된다. "오늘 하루도 잘 버텨 내었다/ 오늘 하루도 잘 살았다/ 누군가 먹다 남겨준 밥을/ 행복하게 먹다가/ 이유도 모르고 낚여 올라가는/ 삶"(「물고기의 삶」 부분)에서 보듯 밥을 먹기 위한 몸부림과 쟁투는 떡밥에 낚여 올라오는 물고기의 삶에 비유되어 있다. 개가 쓰레기를 뒤지는 것과 물고기가 누군가 교묘하게 장치해 놓은 떡밥에 걸려드는 일 모두 소외된 자들이 먹이를 얻기 위해 감당해야 하는 몫인 셈이다. 그리고 그것은 죽음에 가까이 있다. 밥이란 이렇듯 절박하면서도 위태로운 것이다. 죽음을 껴안은 비극적 인식 속에 그려진 자화상은 눈여겨 볼만한 것이다.

> 눈 내리는 시골길
>
> 말 한 마리가 걸어간다
>
> 머리가 땅에 박힐 듯
>
> 다리는 힘이 빠져 있다
>
> 그래도 멈출 수는 없다
>
> 그것이 길의 숙명
>
> 말의 뒤로 외롭게 따라오는 발자국 위로
>
> 눈이 쌓인다
>
> 눈이 덮이면서 지워지는 걸음의 흔적

코에서는 허연 김이 쉴 새 없이 뿜어져 나온다

지난여름 누볐던

초원의 기억은 잊힌 지 이미 오래

이제 몇 번의 여름을 더 만날 수 있을까

걸어온 길보다

걸어갈 길이 얼마 남지 않았다는 사실을

깨달은 뒤에야

길은 더 애절해지고 처절해지는 법인가 보다

어둠 먹은 눈발이 깊어지는 시골길

말 한 마리가 걸어간다

뚜그덕 뚜그덕

소란스러운 고요의 무게를 짊어지고

끊임없이 내리는 눈 속으로

－「길」 전문

마치 미국 시인 로버트 프루스트의 작품을 연상시키는 이 시에 등장하는 한 마리 "말"은 시인 자신의 자화상으로 읽어도 좋을 듯하다. 길을 걷는 자들에게 걷는다는 것은 피할 수 없는 숙명이다. "눈이 덮이면서 지워지는 걸음의 흔적"이란 허무한 세계상을 반영한다. 모든 생명의 흔적은 아무리 요란해도 눈에

덮인 발자국처럼 사라지고 말 터이다. "코에서는 허연 김이 쉴 새 없이 뿜어져 나"오는 고단한 길의 여정 속에서 "걸어온 길보다/ 걸어갈 길이 얼마 남지 않았다는 사실"에 대한 인지는 시인의 자화상으로서 말의 걸음을 더욱 비장한 것으로 만든다. 그러한 사실을 바탕으로 "길은 더 애절해지고 처절해지는" 지경에 도달한다는 것은 인생론의 한 장면이라 할 것이다. 지나온 발자국마저 지워가며 걸어온 길 위에서 이제 그 길마저 얼마 남지 않았다는 깨달음은 실존의 비애를 극도로 고조시킨다. 동시에 자신이 지고 온 삶의 무게를 끝까지 감당하려는 말의 형상은 비장함을 풍기는 것이다. "소란스러운 고요의 무게"라는 역설에서 시적 화자의 내면에 소용돌이치는 역동적 갈등과 그것을 길의 이름으로 끝내 감수하려는 두 목소리를 만날 수 있다. "기쁘게 울면서" 밥을 먹는 형상과 "소란스러운 고요의 무게를 짊어지고/ 끊임없이 내리는 눈 속으로" 걸어가는 시적 화자의 형상이 겹쳐 보이는 것은 현상의 표면과 이면을 아우르고자 하는 시인의 의지 때문이라 할 수 있다.

이 시집에서 가장 많이 등장하는 시적 소재는 "고래"라고 할 수 있다. 이 고래는 생명력의 상징이기도 하고 나의 또 다른 페르소나이기도 하고 아버지 더 나아가 할아버지와 나를 이어주는 매개체이기도 하다. 그것은 아마도 그의 고향이 제주라는 사실과 부모님들의 삶이 그 바다에 기대어 살아왔다는 사실이 배경이 될 터이다.

> 할아버지가 타고 다니던 고래는 이미 죽었구요
>
> 아버지가 타고 다니던 고래도 이미 죽었구요
>
> 내가 타고 다니던 고래도 이미 죽었구요
>
> 그 고래가 끌고 다니던 나도 이미 죽었어요
> ―「유령의 집」전문

다소 비현실적이기까지 한 이 시에서 할아버지와 아버지 그리고 나로 이어지는 가족은 모두 죽음에 이르렀고 그 가족과 관련된 모든 고래도 죽었다는 설정은 고향을 배경으로 한 삶의 파탄을 의미하는 것이기도 하다. "아버지가 말했다/ 떠나거라, 이제부터 너는 내 자식이 아니다/ 고래가 네 애비다"(「출항」부분)라는 시적 진술을 토대로 보면 아버지의 부재는 고래의 부재이며 역으로 고래의 부재는 아버지의 부재인 셈이다. "아버지가 말했다/ 작살을 그 고래에게 던져라/ 그게 네 운명이다"(「출항」 부분)라는 시적 형상화는 의미하는 바가 매우 은밀하다. 아버지로 설정된 고래에게 작살을 던지고 죽음에 이르게 하라는 아버지의 명령은 결국 자신을 죽이라는 것을 뜻한다. "유령의 집"이란 어떠한 유산도 자식에게 상속하지 않겠다는 아버지의 의지의 반영이며 자신과 같은 방식의 삶을 자식이 살기를 바라지 않는다는 것을 의미한다고 할 수 있다. "고래가 가는 대로 네가 탄 배가 이끌려다니"(「출항」 부분)기를 소망하는 아버지의 바람은 아버지의 삶의 터전으로부터 더 먼 곳으로 가는 것을 뜻한다. 그것은 "삶의 외곽에서 항구의 안쪽을 꿈꾸던 아버지"(「태풍이 온다」 부분)의 자식에 대한 욕망이라 할 수 있다. "공부, 열심히, 해서, 항구의, 안쪽, 가장 좋은 자리,를 차지해,야 한,다."(「태풍이 온다」 부분)라는 어머니의 절규도 자식이 아버지의 삶과는 다른 삶을 살기를 바라는 간절함이 고여 있다. 그러한 의미로서 고래는 아버지가 쫓던 그러나 끝내 도달하지 못한 욕망의 한 상징일 수 있다. 고래는 "자기 몸을 던지는 사람에게는 보이"(「무궁화―이어도」 부분)는 이어도와 같은 것이라 할 수 있다. 그리고 이 시집 전편을 읽으며 문득 만나게 되는 것은 역사적 자아로서 바라본 제주의 역사적 비애에 대한 형상화이다.

이젠 때가 되었네

잠들었던 씨앗들이 기지개 켜고
얼어붙었던 대지가 숨쉬기 시작하는 때가,
이젠 때가 되었네.

제주 사람들이 걸어온 발자국은
영혼의 지도가 되어
한라산 밤하늘에서 빛나고

지나간 것은 지나간 대로
새로운 것은 새로운 대로
아픈 것은 아픈 대로
두려운 것은 두려운 대로
받아들이고 품어 안아

한라산이 불러주는 음표를 따라서
고요히 노래하리라
하얀 사슴의 노래를 하리라
〈

누구나 찾아오지만

아무도 찾지 못하는 산의 노래를

부를 시간이 되었네,

이젠 때가 되었네

산아, 산아, 한라산아

늘 곁에 있어서

오히려 보이지 않는

산아

노래를 부를 때가 되었네

─「한라산」 전문

    이 시집의 일부는 제주도에 대한 헌시적 성격을 띠고 있다. 대개는 가족사의 서사를 얼개로 제주도에 관해 이야기하고 있는데 이 시는 각성된 역사적 자아의 모습을 보여준다. "이제 때가 되었네"라는 시구의 반복은 역사적 시기의 도래를 당연한 것으로 받아들이는 것과 동시에 그렇게 되어야 한다는 강한 의지를 천명하고 있는 것이다. "잠들었던 씨앗들이 기지개를 켜고/ 얼어붙었던 대지가 숨쉬기 시작하는 때"로 상징되는 "때"는 희망의 역동성을 품고 있다. "제주 사람들이 걸어온 발자국"은 멀리 봉건시대 유배지로서의 공간 속에서 또한 현대의 격동기에는 뭍에서 불어온 이념의 폭력 속에서도 지켜온 끈질긴 생명력이라 할 수 있다. 그 핍박의 역사 속에서도 지켜온 제주도의 정신은 먹줄처럼 퉁겨져 "영혼의 지도가 되어/ 한라산 밤하늘에서 빛나"는 것이다. 한라산의 노래는 모든 것이 녹아 있는 대탕평의 노래이며 대평화의 노래이다. "하얀 사슴의 노래"란 모든 것을 관장하고 내려다본 백록의 노래다. "누구나 찾아오지만/ 아무도 찾지 못하는 산의 노래"에는 "영혼의 지도"를 이해하는 자만이 들을 수 있는 노래이기도 하다. "늘 곁에 있어서/ 오히려 보이지 않는/ 산"은 한라산의 우뚝함을 의미하는 동시에 그 공간에서 모진 희생을 강요당하면서도 생을 이어온 민초들의 형상이라 할 수 있다. 장소로서 제주도에 대한 탐구는 강수 시인의 시적 화두가 될 것으로 추측해본다. 성인이 되어 섬을 나가 살았지만 끝내 의식을 휘어잡은 곳은 섬이었을 타이니 말이다.

또한 시집 전체를 살펴보며 인상적이었던 것은 각 부의 맨 앞에 실린 시였다. 의도적으로 배치했을 법한 시편들은 노래 혹은 오페라 대사에 가까운 운율을 가지고 있었다. 이런 형식으로 구성된 시집 한 권이 탄생해도 좋겠다고 생각했다. 거기다가 제주도의 역사가 담긴 서사시적 성격이면 기념비적 작품이 될 것이라는 막연한 생각도 덧붙인다. 끝으로 가장 앞에 실린 시를 소개하는 것으로 이야기를 마친다.

아이야,
떠오르는 해의 배경은 왜 어둠이어야 하는지 아느냐

아이야,
어둠을 견뎌내지 못한 사람은 왜 저 해를 보지 못하는지 아느냐

아이야,
사람이 왜 어둠 앞에서 두 손 모으고 간절해지는지 아느냐

아이야,
왜 어둠 앞에서 우리 가슴이 쿵쾅 소리를 내며 용솟음치는지 아느냐

보잘것없는 삶들이 모이고 모여 세상을 움직이고

조그만 웃음소리들이 모이고 모여 하늘을 이루고 있으니

〈

덩실덩실 춤을 추며, 이제는 웃으며 살아야겠다

아이야!

—「해맞이」 전문